Ursel Scheffler

und die
Drei-Minuten-Gangster

Illustriert von Johann Brandstetter
und Hannes Gerber

AF179058

Hase und Igel®

Hallo, liebe Detektive,

mancher Gangster hat sich schon ver-
rechnet, wenn er gedacht hat, er könnte
uns Detektive austricksen. Ob den blitz-
schnellen Drei-Minuten-Gangstern am
Ende auch die Luft ausgeht?

Kommt mit in meine Heimatstadt
Hamburg und helft mir in diesem ver-
zwickten Fall. Diesmal sind nicht nur
Schnelldenker und Blitzmerker, sondern
auch Rechenkünstler gefragt. Auf der
Jagd nach den Gangstern zeigt sich
nämlich, dass man ohne Mathe auch als
Detektiv ganz schön aufgeschmissen ist:

Wie viel Geld haben die Gangster gestohlen? Wie weit kann ihr Auto mit 4 l Benzin gefahren sein? Wie schnell müssen sie mit ihrem Motorboot über die Elbe flitzen, um der Polizei zu entwischen?

Kein Problem, denn ihr wisst ja: Mit mir könnt ihr immer rechnen – und ich auch mit euch, oder?! Also: An die Arbeit, Freunde! Ein spannender Fall wartet auf uns …

Euer *Isidor Kugelblitz*

Für Lehrkräfte gibt es zu diesem Buch ausführliches Begleitmaterial
beim Hase und Igel Verlag.

Dieses Buch erschien erstmals 2006 unter dem Titel
„Mit Kugelblitz kann jeder rechnen – Mathefälle für die 3. Klasse".

© 2006/2015 Hase und Igel Verlag, München
www.hase-und-igel.de
Lektorat: Patrik Eis
Druck: Grafisches Centrum Cuno GmbH & Co. KG

ISBN 978-3-86760-202-0
3. Auflage 2020

1. Überfall der Drei-Minuten-Gangster

„An alle Einsatzwagen: Bitte kommen!
Bankraub in der Alten Poststraße!
Vermutlich wieder die Drei-Minuten-
Gangster!"

Die Nachricht kommt über das neue
digitale Funksystem.

„Wir sind in der Nähe und übernehmen!",
meldet Kommissar Kugelblitz an die
Zentrale. Sein Assistent Fritz Pommes
klemmt das Blaulicht aufs Autodach und
schaltet das Martinshorn ein. So kommen
sie schneller durch den Berufsverkehr.

„Diesmal kriegen wir sie, Chef!", sagt Pommes und gibt Gas. „Wir sind ja ganz in der Nähe. Bestimmt sind die Räuber noch in der Bank."

Als sie sich der Alten Poststraße nähern, schaltet er die Polizeisirene ab, um die Räuber nicht unnötig zu warnen. Aber die sind wieder mal über alle Berge.

„Sie sind weg! Vor einer halben Minute!", schnauft der Mann am Kassenschalter, als Pommes ihn von Knebel und Fesseln befreit. „Es ging alles blitzschnell."

„Es waren drei", berichtet der blasse Azubi hinter dem Tresen. „Einer sprach mit holländischem Akzent und trug grüne Cord-hosen …"

„Konnten Sie sein Gesicht erkennen?"

„Er hatte ein Tuch vors Gesicht gezogen. So 'nen Araber-Schal", erinnert sich der Junge.

6

„Dort ist das Tuch!", ruft die junge Frau am gegenüberliegenden Beratungstisch aufgeregt. Sie deutet auf ein schwarz-weiß gemustertes Baumwolltuch mit Fransen, das nicht weit entfernt von ihr am Schirmständer beim Hinterausgang hängt. „Es rutschte ihm herunter, als er durch die Tür schlüpfte. Er konnte es nicht festhalten, weil er ja die Tüten mit dem Geld in den Händen hatte. Und die Kerle hatten es verdammt eilig."

„Beweisstück sichern", sagt KK zu Pommes und deutet auf das Tuch.

„Der andere hatte eine abgewetzte lila Wildlederjacke an. Und er roch stark nach Knoblauch", erinnert sich die Putzfrau. „Er hat mich in die Besenkammer gesperrt!"

„Der dritte war kleiner und trug eine Brille. Er hatte einen dunkelblauen Jogging-anzug und graue Turnschuhe an …“, berichtet die Filialleiterin.

„… und eine Kappe, auf der stand *Rettet die Wale*“, ergänzt der Geldbote.

„Der Kleine hat mich mit seiner Pistole bedroht. Sah nach Spielzeugpistole aus. Aber ganz sicher war ich mir nicht. Man weiß ja, dass die Drei-Minuten-Gangster

notfalls scharf schießen. Da hab ich dem mit der lila Jacke das Geld gegeben“, seufzt der Kassierer.

„Sie haben sich völlig korrekt verhalten! Alles andere wäre sträflicher Leichtsinn gewesen“, beruhigt ihn Kugelblitz. Dann wendet er sich an Pommes: „Spuren-

8

sicherung verständigen, Täterbeschreibung anfertigen. Das Tuch nach DNA-Spuren untersuchen lassen."

„Ja, richtig. Wenn er das Tuch eine Zeit lang vor dem Gesicht hatte, finden sich

bestimmt Haare oder Speichelspuren. Dann können wir in unserer Datenbank nach Verdächtigen suchen", murmelt Pommes und befördert das Tuch in eine Plastiktüte.

Die Männer von der Spurensicherung kommen schnell. Der Rest ist Routine: Kugelblitz verhört die Zeugen, Pommes schreibt das Protokoll.

„Können Sie ungefähr sagen, wie viel Geld geraubt wurde?", erkundigt sich KK zum Schluss bei dem immer noch aufgeregten Mann an der Kasse.

„Jaja, ich denke schon. Sogar ziemlich genau. Ich habe mitgezählt: Es waren zwanzig Geldbündel mit Hundertern, zehn mit Fünfzigern, zehn mit 200-€-Scheinen,

zehn mit 500-€-Noten, zwanzig Bündel mit 10- und zehn mit 20-€-Scheinen. Ich hatte die Kasse gerade frisch aufgefüllt. Das Kleingeld wollte er nicht haben. Nicht einmal die 5-€-Scheine! Er hat mich ange-

faucht: ‚Lass die kleinen Kröten stecken!
Nur die großen Scheine. Mach schnell!
Wir haben nur drei Minuten!' Dann hat er
mich gefesselt. Den Rest kennen Sie ja."

„Und wie viele Scheine sind jeweils in
einem Bündel?", erkundigt sich KK.

„Hundert Scheine", sagt der Kassierer.

„Nun, dann beläuft sich der Schaden
ungefähr auf …", murmelt KK und rechnet.

Hier die Fragen an alle Detektive, die sich auch bei einem aufregenden Banküberfall nicht verrechnen:

• Wie viele Geldbündel haben die Gauner geraubt?

• Wie viele Scheine sind das, wenn in jedem Päckchen hundert Scheine sind?

Supergripspunkte für fortgeschrittene Detektive:

• Wie hoch war die Beute der Bankräuber?

• Wie viel Geld bekommt jeder, wenn sie gerecht teilen?

Nun noch eine Aufgabe für Detektive mit gutem Gedächtnis:

• Versuche, die drei Täter möglichst genau zu beschreiben.

12

2. Päckchen-Probleme

Die drei Bankräuber heißen Konni, Charlie und Max. Sie haben sich vor einiger Zeit im Gefängnis kennengelernt und die Tat genau geplant. Sie tauchen mit ihrem Auto nach nur wenigen Minuten Fahrt in einer

Tiefgarage unter. Dort stellen sie das Tatfahrzeug an der Stelle ab, an der sie es zwei Stunden vorher geklaut haben. Dann wechseln sie rasch die Klamotten und

verwandeln sich in harmlose Touristen mit Kamera und Sonnenbrille. Ihre Beute packen sie in ein vorbereitetes gelbes Postpaket und schlendern zum nächsten Postamt.

„Das hat ja alles geklappt wie am Schnürchen", sagt Konni, genannt Knofi-Konni, und grinst zufrieden. „Der Kassierer hat mir das Geld förmlich aufgedrängt. Er wollte sogar noch die 5-€-Scheine in den Koffer stopfen, die Knalltüte. Die Idioten haben wirklich geglaubt, wir sind die echten Drei-Minuten-Gangster."

„Jetzt geht noch die Post ab und dann haben wir es geschafft!", freut sich Charlie, der den Plan mit dem Überfall ausgeheckt hat. „Es geht aber nur einer von uns an den Postschalter. Das fällt nicht so auf."

„Wer?", erkundigt sich Max, der kleinste der drei.

„Immer der, der fragt, Maxe!", grinst
Charlie. „Außerdem siehst du am harm-
losesten aus."

Aber schon nach kurzer Zeit kommt
Max zurück und flüstert aufgeregt: „Mann,
könnt ihr mir Geld leihen? Ich hab gar
nicht gewusst, dass die Post so teuer ist.
Ich verschicke sonst nie was."

„Mist! Ich hätte von dem freundlichen
Kassierer doch 'nen 5-€-Schein als

Taschengeld nehmen sollen!", knurrt Konni. Und dann kramt auch er vergeblich in seinen Hosentaschen nach Geld. Er bekommt einen knallroten Kopf und hütet sich zu sagen, dass er seinen Geldbeutel in der lila Lederjacke gelassen hat, die sie mit den anderen Kleidern in die Mülltonne hinter der Tiefgarage gestopft haben.

„Verflixt und zugenäht!", flucht Charlie. „Und ich hab nur meine Brieftasche mit der Kreditkarte. Wenn wir mit der Karte bezahlen, hinterlassen wir unnötige Spuren …"

„Wir haben doch jede Menge Geld! Soll ich das Paket wieder aufreißen und Kohle rausholen?", fragt Max.

„Um Himmels willen, nein! Bist du wahnsinnig?", stöhnt Charlie. „Wie viel Porto brauchst du, Maxe?"

„Es kommt drauf an, ob ich das Ding als Päckchen oder als Paket schicken muss",

16

seufzt Max. „Für ein 2-Kilo-Päckchen brauche ich 4,30 €, für ein Paket bis 5 Kilo 7,00 € – und wenn es schwerer ist, dann kostet es noch mehr!"

Hier die Frage an alle Detektive, die auch einen schweren Fall richtig einschätzen:

• Wie schwer ist das Päckchen mit dem Geld und wie viel Porto muss Max bezahlen?

Zusatzfragen für Detektive mit gutem Gedächtnis:

• Was hat Konni in seiner lila Lederjacke vergessen?
• Welche verräterische Spur hat Charlie in der Bank hinterlassen?

17

3. Den Bankräubern auf der Spur

„Hier ist der Bericht aus dem Labor, Chef!", sagt Sonja Sandmann zwei Tage nach dem Banküberfall. Sie legt das Gutachten auf den Schreibtisch von Kugelblitz, der es interessiert studiert.

„Ah, sieh da: ein Volltreffer! Sie haben Speichelreste und Barthaare in dem Halstuch des Räubers gefunden!", ruft KK erfreut seinen Assistenten zu.

„Das heißt, wir haben einen genetischen Fingerabdruck. Genau wie ich vermutet habe!", sagt Pommes wichtig. „Ein Glück, denn normale Fingerabdrücke gab es ja keine. Die Räuber hatten Handschuhe an."

„Und das hat die Spurensicherung in den alten Klamotten in der Mülltonne hinter der Tiefgarage gefunden, in der das Tatfahrzeug stand", ergänzt Peter Zwiebel und legt eine abgegriffene Geldbörse auf den Tisch. „Sie steckte in einer lila Lederjacke. Ich bin mit der Jacke zur Bank. Dort hat die Putzfrau das Kleidungsstück wiedererkannt. Außerdem stinkt die Jacke tierisch nach Knoblauch. Sie gehört also der Duftnote nach dem Räuber, der die Putzfrau beim Überfall in die Besenkammer gesperrt hat."

„Hervorragend! Ins Labor mit der Jacke! Irgendwo werden dort auch Haare oder Hautschuppen zu finden sein. So kriegen wir einen Hinweis auf Täter Nr. 2", sagt KK zufrieden. „Nennen wir ihn den Knofi-Räuber."

Sonja gibt den genetischen Finger-abdruck, den die Spezialisten der Spuren-sicherung auf dem Halstuch ermittelt haben, in die Datenbank des Polizei-computers ein. Es dauert gar nicht lange, da bekommt sie schon ein Ergebnis.

„Wir haben ihn!", ruft sie. „Täter Nr. 1 heißt Charlie Bloom und kommt aus Amsterdam."

„Daher der holländische Akzent", kombiniert Pommes messerscharf.

„Und in dem Geldbeutel vom Knofi-Räuber steckt eine Karte vom Fitness-studio *Albatros*. Ausgestellt auf einen gewissen Konrad Konolli", berichtet Zwiebel, der den gefundenen Beutel genau untersucht hat.

20

„Nichts wie hin ins Fitnessstudio und nachforschen, Zwiebel! Vielleicht kennt man ihn dort", empfiehlt KK. Dann wird er nachdenklich und murmelt: „Seltsam: Bei den anderen Überfällen waren die Drei-Minuten-Räuber nicht so leichtsinnig. Sie haben keinerlei Spuren hinterlassen."

„Jeder macht mal einen Fehler", sagt Sonja Sandmann.

„Wem sagen Sie das", seufzt Kugelblitz. „Das gilt auch für Detektive!"

Jetzt klingelt das Telefon auf Kugelblitz' Schreibtisch. Es ist der Besitzer des gestohlenen Wagens. Der Mann ist empört, dass man ihn verdächtigt hat, ein Bankräuber zu sein, und dass er gerade zwei Stunden zum Verhör auf dem Polizeirevier verbringen musste.

KK entschuldigt sich im Namen seiner Kollegen bei dem Fahrzeugbesitzer für die Unannehmlichkeiten und sagt dann versöhnlich: „Freuen Sie sich doch, dass Ihr Auto unversehrt wieder aufgetaucht ist. Die Kerle hätten es ja auch auf der Flucht zu Schrott fahren können!"

„Da haben Sie allerdings recht", überlegt der Autobesitzer und beruhigt sich etwas. „Die Burschen sind auch nicht sehr weit damit gefahren. Ich hatte den Wagen am Abend vorher vollgetankt und habe jetzt nachgetankt. Es fehlten nur vier Liter Benzin."

„Wie viel Benzin verbraucht Ihr Wagen durchschnittlich?", erkundigt sich KK interessiert.

„Im Stadtverkehr etwa acht Liter auf hundert Kilometern."

„Interessant, dann wissen wir jetzt, in welchem Umkreis sich die Räuber bewegt

22

haben", murmelt KK. Er nimmt einen
Zirkel und zieht auf dem Stadtplan
einen Kreis um die Tiefgarage,
aus der das Auto für zwei
Stunden gestohlen wurde.

Jetzt die Fragen an alle Detektive, denen
beim Denken der Sprit nicht ausgeht:
- Wenn das Auto acht Liter für hundert
  Kilometer braucht, wie weit fährt es dann
  mit vier Litern Benzin?
- Wie lang ist diese Strecke auf dem
  Stadtplan, wenn fünf Kilometer einem
  Zentimeter entsprechen?

23

4. Teures Vergnügen

Charlie und seine beiden Kumpane sitzen im *Tafelhaus*, einem der teuersten Restaurants der Stadt. Von dort hat man einen wunderbaren Ausblick auf die Elbe. Schiffe aus aller Herren Länder ziehen auf dem Fluss vorbei.

„Mann, das ist doch die *Queen Mary 2*!", ruft Konni aufgeregt. „Mit der möchte ich auch mal auf Kreuzfahrt gehen."

„Das kostet ein Vermögen", brummt Max.

„Geduld, Jungs! Bald können wir uns das leisten. Das ist nur eine Frage der Zeit", verspricht Charlie.

Und dann fängt das Luxusleben auch schon an. Sie lassen es sich gut gehen und bestellen, worauf sie Lust haben, ohne Rücksicht auf den Preis. Auch das

das Feinschmeckerlokal am Fluss

Speisekarte

Vorspeisen

Feine Gemüsesuppe	4,60 €
Flädlesuppe	5,40 €
Provenzalische Fischsuppe	7,20 €
Hummersuppe	8,30 €
Knoblauchbrot	7,70 €

Hauptgerichte

Schweinebraten mit Knödel	10,90 €
Zigeunerbraten mit Rösti	12,50 €
Argentinisches Filetsteak	18,60 €
Ente, gebraten	16,80 €
Wiener Schnitzel	14,40 €
Hähnchencurry mit Reis	13,90 €
Gemüseplatte	11,30 €
Feinschmeckertopf Tafelhaus	17,40 €
Vierländer Kutterscholle	17,90 €

Nachspeisen

Apfelstrudel mit Vanillesoße	3,60 €
Gemischtes Eis	4,20 €
Rote Grütze mit Vanilleeis	4,60 €
Zitronencreme	3,20 €
Obstsalat	4,80 €

Getränke

Tafelwasser	2,80 €
Cola	3,80 €
Limonade	3,80 €
Apfelsaft	3,90 €
Pils	4,80 €
Alsterwasser	4,80 €
Champagner	5,60 €
Kännchen Kaffee	4,80 €
Espresso	3,50 €
Cappuccino	3,70 €
Kännchen Tee	4,40 €
Heiße Schokolade	3,70 €

Bezahlen der Rechnung bereitet ihnen kein Kopfzerbrechen, denn hier fasst keiner Geld an: Alle Gäste benutzen ihre Kreditkarte zum Zahlen. Da werden sie ohne Kleingeld nicht auffallen.

Charlie hat sich die sündhaft teure Hummersuppe und ein argentinisches Filetsteak ausgesucht. Konni wählt die provenzalische Fischsuppe mit viel Knoblauch und eine gebratene Ente. Max hat Flädlesuppe und Schweinebraten mit Knödel bestellt, weil seine Oma das immer gekocht hat. Dazu gönnt sich jeder ein Pils.

Zum Nachtisch essen alle drei je eine Portion rote Grütze mit Vanilleeis.

Als die drei Gauner gerade noch jeder einen Espresso schlürfen, betreten zwei Polizisten das Lokal. Max will aufspringen, aber Charlie hält ihn in letzter

27

Sekunde mit stahlharter Hand fest. „Idiot! Die sind bestimmt nicht hinter uns her."

Und so ist es auch: Die beiden Polizisten suchen nach dem Besitzer eines Wagens, der vor dem Restaurant im Parkverbot steht.

„Wenn wir den Wagen abschleppen lassen, wird das teuer!", sagt der Polizist, als ein Mann in einem feinen, marineblauen Jackett seinen Nachtisch und seine Geschäftsfreunde für kurze Zeit im Stich lässt und mit den Polizisten hinausgeht.

„Einen Strafzettel fürs Falschparken können wir Ihnen aber leider nicht ersparen, Herr Dr. Schweizer", sagt der Polizist, als sie an Charlies Tisch vorbeikommen.

„Mann, das ist ja noch mal gut gegangen", stöhnt Max. „Mir ist ganz schlecht. Ich bin allergisch gegen Polizisten. Da krieg ich sofort Hitzepickel …"

28

„Reine Nervensache, Maxe", sagt
Charlie cool und klopft seinem Kumpel
beruhigend auf die Schulter.

Trotzdem hat ihn der Vorfall nachdenklich gestimmt. Das Pflaster in Hamburg
könnte im Augenblick ein bisschen zu heiß
für sie werden. Vor allem, weil ihm gerade
eingefallen ist, dass er irgendwann auf der
Flucht sein Halstuch verloren haben muss.

29

So ein Mist! Na ja, er wird sich sowieso aus dem Staub machen. Der Besuch bei seiner alten Freundin Ruby in Köln ist längst geplant. An sie hat er auch das Paket adressiert. Und dann fährt er vielleicht weiter nach Amsterdam zur Tulpenblüte. Um diese Zeit ist er am liebsten dort. Beim Thema „Blüten" fällt ihm die Rechnung ein.

Charlie greift nach seiner Brieftasche mit der Kreditkarte. Jetzt muss er erst mal die Zeche bezahlen.

„Mann, das ist aber teuer!", staunt Max, als er auf die Rechnung schielt, die der Ober auf einem Silbertablett serviert.

„Am Ende hat der Ober das Datum dazugerechnet?", vermutet Konni.

„Hast du vergessen, dass wir jetzt reich sind?", raunt ihm Charlie zu. Er wirft einen lässigen Blick auf die Rechnung und zückt dann seine Kreditkarte.

„Stimmt so!", sagt er großspurig zum Ober, nachdem er noch 20 € Trinkgeld zusätzlich auf den Beleg geschrieben hat.

„Wie viel hat der Spaß denn jetzt gekostet?", erkundigt sich Konni, als sie das Lokal verlassen.

Hier die Aufgabe für alle Detektive, die sich auch bei einer Rechnung mit Kommazahlen nicht übers Ohr hauen lassen:

• Rechne aus, wie viel Charlie bezahlt hat. Die Preise findest du auf der Speisekarte. Lies genau nach, was jeder bestellt hat. Vergiss das Trinkgeld nicht!

5. Charlie will hoch hinaus

„Nach diesem schönen Essen sollten wir uns noch ein bisschen die Füße vertreten", schlägt Konni vor und streicht über seinen gut gefüllten Bauch.

„Laufen wir doch zum Michel, dem Wahrzeichen von Hamburg. Da war ich schon lange nicht mehr", antwortet Charlie. „Ich liebe Türme!"

„Man hat von oben einen tollen Blick bis zum Hafen", stimmt Max zu. „Wir könnten hinaufsteigen."

„Aber die vielen Treppen? Ob ich das mit vollem Bauch noch schaffe?", zweifelt Konni. „Wie hoch ist der Turm eigentlich?"

„Das weiß ich ganz genau", sagt Charlie. „Der Turm vom Michel ist 132 Meter hoch. Genau so hoch wie der Petri-Kirchturm. Der Kirchturm von St. Nikolai ist allerdings noch 15 Meter höher, während der von St. Jacobi sieben Meter niedriger ist als der Michel."

„Mann, was du alles weißt!", staunt Max.

„Türme sind eben ein Hobby von mir",
sagt Charlie geschmeichelt.

„Und welcher ist der höchste Turm in
Hamburg?", fragt Konni, um Charlie zu
testen.

„Das ist der Fernsehturm auf dem Messe-
gelände. Man kann ihn von hier aus sehen.
Der ist 279 Meter hoch."

„Und welches ist der höchste Kirchturm
von Deutschland?", überlegt Konni laut.
„Die Frage kam neulich in *Wer wird
Millionär? ...*"

Charlie lächelt überlegen. „Die Million
hätte ich glatt gewonnen: Der höchste
deutsche Kirchturm – und gleichzeitig der
höchste der Welt – ist der vom Ulmer
Münster. Er ist noch einmal 29 Meter
höher als der Hamburger Michel."

St. Michaelis   „St. Television"

Nun die Fragen an alle Rechendetektive,
denen auch bei Turmrechnungen nicht
schwindelig wird:

- Wie hoch ist das Ulmer Münster?
- Um wie viele Meter überragt der
  Hamburger Fernsehturm den Michel?
- Wie hoch ist der Turm von St. Nikolai?
- Wie hoch ist der Petri-Kirchturm?
- Wie hoch ist der Jacobi-Kirchturm?
- St. Katharinen ist die fünfte Hauptkirche
  in Hamburg. Ihr Turm ist der niedrigste.

St. Nikolai St. Katharinen St. Petri

Er ist 115 Meter hoch. Ordne die
Hamburger Kirchen nach der Höhe
ihrer Türme.

Hier noch eine Rechenfrage
für superkluge Turmstürmer:
- Wie viele Stufen müssen die drei hinaufsteigen, wenn es bis zur Aussichts-
  plattform 90 Meter sind und eine Stufe
  etwa 18 Zentimeter hoch ist?

6. Jetzt heißt es türmen!

Etwa eine Stunde später klingelt Charlies Handy. Es ist Ruby aus Köln.

„Wann kommst du endlich?", erkundigt sie sich ungeduldig.

„Heute Abend!", verspricht Charlie. „Wir sind jetzt am Bahnhof. Die Fahrkarten hab ich zum Glück schon vor ein paar Tagen gekauft. Mir ist leider das Kleingeld ausgegangen."

„Das ist ja nichts Neues", seufzt Ruby. „Willst du mich wieder anpumpen?"

„Ganz im Gegenteil: Diesmal zahl ich alle meine Schulden – mit Zinsen!", verspricht Charlie. „Außerdem bringe ich zwei Freunde mit: Konni und Max. Ist das ein Problem?"

„Sie können in der Dachkammer schlafen", überlegt Ruby.

„Ist auch besser", sagt Charlie und grinst. „Konni hat Fischsuppe mit viel Knoblauch gegessen!"

„Hast du die Nachrichten gehört?",
erkundigt sich Ruby.

„Nee! Was gibt es Neues?"

„Die Drei-Minuten-Gangster haben
wieder zugeschlagen. Aber die Polizei hat
wohl diesmal jede Menge Spuren. Sie sind
ihnen dicht auf den Fersen!"

„Puh, schon zwanzig nach eins!", ruft
Charlie erschrocken. „Wir nehmen den
nächsten und schnellsten Zug. Konni und
Max suchen gerade die beste Verbindung
heraus. Noch etwas: Wenn ein Paket für
mich kommt, pass gut darauf auf!"

37

„Darf ich's aufmachen?", erkundigt sich Ruby neugierig.

„Untersteh dich!", ruft Charlie empört. „Noch nie was von Postgeheimnis gehört?"

„Noch nie was von teilen gehört?", kontert Ruby.

„Ich hab doch gesagt, dass du zu deinem Recht kommst. Mehr kann ich am Telefon nicht erklären", brummt Charlie. „Ich glaube, Konni und Max haben Probleme, den richtigen Zug zu finden. Ich muss ihnen mal schnell helfen."

Eine Aufgabe für alle Detektive, die auch dann mit dem Fahrplan kein Problem haben, wenn es höchste Eisenbahn ist, um zu verduften:

- Findest du auf dem Abfahrtsplan die
  schnellste Zugverbindung von Hamburg
  nach Köln, die die drei Gauner noch
  erreichen können?

Bahnhof	Zeit	Zugname
Hamburg Hbf	ab 12.46	IC 2401
Köln Hbf	an 16.49	
Hamburg Hbf	ab 13.01	ICE 589
Hannover Hbf	an 14.23	
Hannover Hbf	ab 14.31	ICE 568
Köln Hbf	an 17.16	
Hamburg Hbf	ab 13.46	ICE 927
Köln Hbf	an 17.46	
Hamburg Hbf	ab 14.00	ICE 881
Hannover Hbf	an 15.23	
Hannover Hbf	ab 15.31	ICE 858
Köln Hbf	an 18.16	
Hamburg Hbf	ab 14.46	IC 2503
Köln Hbf	an 18.49	
Hamburg Hbf	ab 14.56	ICE 681
Hannover Hbf	an 16.23	
Hannover Hbf	ab 16.31	ICE 556
Köln Hbf	an 19.16	

7. Die Fahndung läuft

Die Fahndung nach den Drei-Minuten-Gangstern läuft auf Hochtouren. Die Steckbriefe mit den Phantombildern stehen im Internet. Eine Anfrage bei der Polizei in Amsterdam ergibt, dass dort ein gewisser Charlie Bloom nicht unbekannt ist. Er hat vor vielen Jahren einen Geldboten überfallen und saß dafür neun Monate im Jugendgefängnis.

Sonja Sandmann findet heraus, dass Bloom eine Kreditkarte und ein Handy besitzt – und benutzt!

Pommes erfährt im Fitnessstudio *Albatros*, dass ein gewisser Konni Konolli dort einen Bodybuildingkurs besucht hat. Sein Knoblauchparfum ist auch da nicht unbemerkt geblieben.

„Er brachte öfter einen Gast mit, der heißt … Moment mal." Die sportliche junge Frau an der Empfangstheke des Fitnesscenters blättert in ihren Unterlagen. „Er heißt Max Ehrbar. Ein Wiener, soviel ich mich erinnere."

Nun sind die Namen der drei Bankräuber bekannt. Und das Netz der Polizei zieht sich unauffällig immer enger um sie zusammen. Auch die internationale Fahndung läuft. Kollege Jan van Beulen in Amsterdam und Kollege Anton Prater in Wien wissen Bescheid. Der Rest ist Routine …

„Es ist nur noch eine Frage der Zeit, bis wir sie schnappen!", sagt Kugelblitz zuversichtlich und lehnt sich in seinem Schreibtischstuhl zurück. Ganz zufrieden ist er allerdings nicht, denn er hat das sichere Gefühl, dass es sich bei den Gesuchten nicht um die echte Drei-Minuten-Bande, sondern um recht ungeschickte Nachahmungstäter handelt. Es gibt also noch jede Menge zu tun.

Da klingelt mal wieder das Telefon. Es ist die Abrechnungsstelle.

„Uns fehlt Ihre Reisekostenabrechnung von der Dienstreise nach Paris in der letzten Woche, Herr Hauptkommissar!", mahnt die Buchhalterin Frau Pingelig.

„Hab ich vor lauter Arbeit glatt vergessen", murmelt Kugelblitz und wendet sich dann an Pommes: „Reisekosten, Dienstreise nach Paris, lieber Pommes. Übernehmen Sie den Fall?"

„Mach ich, Chef!", sagt Pommes. Er weiß genau, dass sein Chef solche Abrechnungen hasst wie die Pest. „Wo sind die Belege?"

„In der Schublade dort", antwortet Kugelblitz. „In einem grünen Umschlag."

„Hab ihn schon!", sagt Pommes und schwenkt den Briefumschlag durch die Luft.

„Ich hab alles ausgelegt. Sie sollen den Betrag bitte auf mein Konto überweisen", erläutert Kugelblitz noch.

Dann macht sich Pommes an die Arbeit. Er findet in dem Umschlag ein Flugticket nach Paris (380,70 €), vier Taxiquittungen für die Fahrten zum Flughafen (35,80 € und 34,70 € in Paris, 17,80 € und 16,90 € in

Hamburg), eine Restaurantquittung für ein Essen mit seinen Kollegen Pierre Simili und Commissario Limone (185,00 €) und den Beleg über eine Kranzspende für einen verunglückten französischen Kollegen (160,00 €).

Seufzend macht sich Pommes an die Arbeit. Er hasst solche pingeligen Abrechnungen mit Kommazahlen genauso wie sein Chef. Aber was will man machen? Den Letzten beißen die Hunde.

Hier die Frage an alle Detektive, für die auch das Rechnen mit Kommazahlen kein unlösbarer Fall ist:
• Wie viel Geld muss die Abrechnungs-stelle auf das Konto von Kugelblitz überweisen?

8. Ein heißer Fund

Während Pommes die Reisekostenabrechnung für Kugelblitz tippt, kommt ein
Anruf von der Hafenpolizei.

„Wir haben eben in unserer Container-
Prüfanlage in Waltershof zwei Container
mit heißer Ware entdeckt. In einem waren
gefälschte Rolex-Uhren und in dem
anderen – vom gleichen Absender –
Raubkopien von DVDs!", meldet der Zoll-
beamte. „Sie hatten da doch neulich einen
ähnlichen Fall – ich dachte deshalb, das
interessiert Sie, Herr Kommissar!"

„Ja, das interessiert uns brennend.
Von wo sind die Sachen gekommen?
Mit welchem Schiff? Wo waren sie ver-
steckt?", erkundigt sich Kugelblitz.

„Die Sendung kam aus Korea. Das
Containerschiff heißt *Cassata*. Der
Absender ist eine Spedition, die es gar
nicht gibt. Die Rolex-Uhren waren in
Zahnpastaschachteln, die wiederum in

Schuhkartons steckten. Die Raubkopien der DVDs lagen in Schuhkartons mit der Aufschrift *Running Shoes*", gibt der Zöllner bereitwillig Auskunft.

„Ich schicke gleich einen meiner Assistenten vorbei. Er heißt Fritz Pommes und wird sich um die Angelegenheit kümmern", verspricht KK. „Liegt das Schiff noch im Hafen?"

„Das dachten wir bis vor Kurzem! Die Hamburger Spedition, die für uns arbeitet, wollte den überprüften Container zurückbringen. Wir wollten so tun, als hätten wir die Schmuggelware nicht gefunden, und den Container weiterreisen lassen. So wollten wir im Zielhafen herausfinden, wer die Ware abholt. Aber die Leute von der Spedition haben die *Cassata* nicht gefunden!", sagt der Mann vom Zoll.

„Das Schiff muss doch zu finden sein. Es kann sich nicht in Luft auflösen", brummt KK. „Ich werde mich persönlich darum kümmern."

Hier die Fragen an alle Detektive, die auch in einem Fall mit gefälschten Uhren richtig ticken:

- Die Zollbeamten haben in einem Container 100 Schuhkartons mit Uhren gefunden. Wie viele Uhren sind das insgesamt?
  Schätze oder probiere aus, wie viele Zahnpastaschachteln in einen Schuh-karton passen, und rechne dann.
- Außerdem entdeckten die Fahnder 100 Schuhkartons mit DVDs. Wie viele DVDs sind das zusammen?
  Schätze oder probiere aus und rechne dann.

9. Der Hafenmeister hat ein Problem

Als KK in den Hafen kommt, findet er die
Cassata auch nicht. Er beschließt, den
Hafenmeister zu befragen.

Der ist gerade selbst in Gedanken
versunken. „Wie gut, dass Sie kommen,
Herr Kommissar. Rechnen ist nämlich
nicht meine Stärke. Aber mit Ihnen kann
doch jeder rechnen: Ich hab da ein
Problem …"

„Ich hab leider auch eins", sagt Kugelblitz, „und es eilt: Ich
suche ein Container-
schiff, die *Cassata*.
Eigentlich soll sie
hier im Hafen
liegen. Aber sie
ist über Nacht
spurlos ver-
schwunden."

„Es hat heute Nacht kein Containerschiff den Hafen verlassen", versichert der Hafenmeister. „Ich hatte Dienst. Das hätte ich bemerkt. Aber ich kann mir schon vorstellen, weshalb Sie das Schiff nicht finden."

„So?", sagt Kugelblitz verwundert. „Wir haben mit zwei Streifenwagen den ganzen Hafen abgeklappert. Aber die *Cassata* haben wir nirgends entdeckt."

„Vielleicht hat man sie ja umgetauft", schlägt der Hafenmeister vor.

„Sie meinen, man hat einfach den Namen übermalt?"

„Wenn die Polizei nach einem Schiff sucht, hat das meistens Gründe", sagt der Hafenmeister. „Da ändert man den Namen und führt sie eine Weile hinters Licht."

„Aber einen tüchtigen Hafenmeister täuscht man da nicht so leicht, habe ich recht?", sagt KK und schmunzelt.

„So ist es. Sehen Sie mal durch mein
Fernglas. Wenn mich nicht alles täuscht,
dann ist das da ganz hinten der Form
nach die gute alte *Cassata* aus Palermo,

das Schiff von Käpt'n Beluga. Allerdings heißt sie jetzt – Moment mal –
Stracciatella. Verrückt!"

Kugelblitz greift nach dem Fernglas und
murmelt: „Derjenige, der den Namen

geändert hat, hat sogar Humor. *Cassata, Stracciatella* – beides Eissorten, die ich für mein Leben gern esse! Trotzdem werd ich

mir Käpt'n Beluga mal vorknöpfen! Wir vermuten, dass er Rolex-Uhren und Raubkopien von DVDs geschmuggelt hat."

„Hab ich mir doch gedacht, dass da was faul ist!", brummt der Hafenmeister. Aber gleich darauf schüttelt er verwundert den Kopf. „Schmuggel von Raubkopien? Den Schiffsnamen ändern? Das kann ich mir bei Beluga eigentlich gar nicht vorstellen. Der Käpt'n hat einen guten Ruf."

„Na, dann will ich Schiff und Käpt'n mal gleich ein wenig unter die Lupe nehmen. Hinterher wissen wir mehr."

Kugelblitz will gehen.

„Halt, Herr Kommissar!", ruft der Hafenmeister und hält Kugelblitz am Ärmel fest. „Ich habe Ihnen einen Tipp gegeben, da ist es nur fair, wenn Sie mir auch helfen."

„Ach ja, richtig, Ihr Problem", erinnert sich KK. „Worum geht es eigentlich?"

„Eine tierisch schwierige Aufgabe: Wir sollen mit zwei Lastschiffen Zirkustiere von Hamburg nach Cuxhaven transportieren. Das Schiff *Oslo* darf nur mit vier Tonnen beladen werden, weil es schon halb voll ist, das Schiff *Helsinki* mit sechs Tonnen. Wie verteile ich die Tiere am besten, ohne die Schiffe zu überladen?"

„Das ist doch eine einfache Rechenaufgabe", sagt KK. „Allerdings müssen wir genau wissen, wie schwer die Tiere sind."

„Das steht im Frachtbrief", brummt der Hafenmeister und gibt KK einen Zettel.

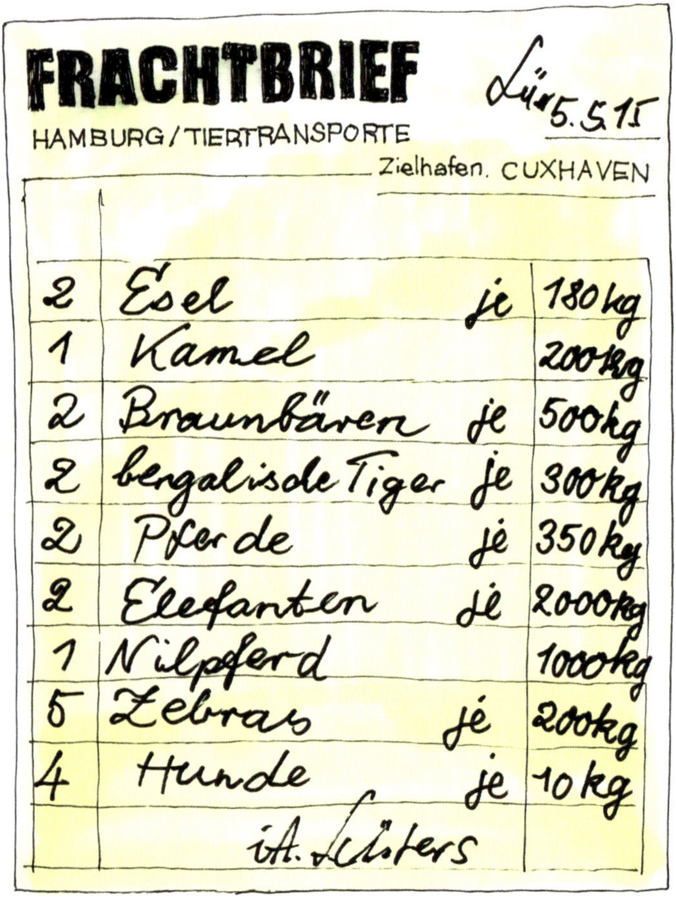

FRACHTBRIEF

Lür 5.5.15

HAMBURG / TIERTRANSPORTE

Zielhafen. CUXHAVEN

2	Esel	je	180 kg
1	Kamel		200 kg
2	Braunbären	je	500 kg
2	bengalische Tiger	je	300 kg
2	Pferde	je	350 kg
2	Elefanten	je	2000 kg
1	Nilpferd		1000 kg
5	Zebras	je	200 kg
4	Hunde	je	10 kg

i.A. Lüters

Darauf sind die genaue Anzahl und das Gewicht der Tiere vermerkt.

KK studiert die Liste und sagt dann: „Es ist wirklich nicht schwer. Und wenn man es richtig anstellt, passen alle Tiere ganz genau drauf – ohne dass eines der Schiffe überladen wird und damit unterzugehen droht!"

Und jetzt die Frage an alle Detektive, mit deren tierisch klarem Verstand man auch in diesem Fall rechnen kann:
- Wie verteilt der Hafenmeister die Tiere am klügsten? Tiere einer Art sollen dabei nicht getrennt werden.

55

10. Capitano Broccoli weiß von nichts

Als Kugelblitz zur *Stracciatella* kommt,
will ein Mann in Kapitänsjacke gerade von
Bord gehen.

„Moin, Moin, guten Tag! Sind Sie Kapitän
Beluga von der *Cassata*?", erkundigt sich
Kugelblitz.

„Nein, wie kommen Sie darauf? Ich bin
Capitano Broccoli von der *Stracciatella*.
Was kann ich für Sie tun?", fragt der Mann
und tippt an seine Kapitänsmütze.

„Ich bin Kommissar Kugelblitz von der Kripo Hamburg. Ich soll im Auftrag der Zollbehörde herausfinden, warum Sie Ihr Schiff umgetauft haben."

„Ich soll mein Schiff umgetauft haben? Wie kommen Sie denn auf diese verrückte Idee?", empört sich der Capitano. „Die gute *Stracciatella* heißt schon immer so!"

„Die Farbe ist noch ganz frisch!", sagt Kugelblitz und deutet auf den Schiffsnamen.

„Meine Matrosen sind fleißige Leute. Sie streichen in jedem Hafen alles", sagt der Capitano und lacht etwas verlegen.

„Kann ich mal die Schiffspapiere sehen?", fragt Kugelblitz.

„Gern", antwortet Capitano Broccoli. „Sie sind allerdings auf Italienisch abgefasst. Hoffentlich können Sie das verstehen."

„Aber locker", sagt Kugelblitz. „Wer regelmäßig zum Italiener essen geht wie ich, kennt den Unterschied zwischen Stracciatella und Cassata sehr gut – ein Unterschied wie Tag und Nacht!"

„Die *Cassata* ist unser Schwesterschiff. Sie fährt nach Südamerika. Das kann man mal verwechseln", behauptet Broccoli.

„Und wohin fahren Sie von Hamburg aus?", erkundigt sich KK.

„Zurück nach Palermo."

„Und was haben Sie geladen?"

„Nur leere Container", seufzt der Capitano. „Ich hoffe, dass wir auf dem Weg nach Italien in Rotterdam noch Ladung aufnehmen können."

„Und jetzt möchte ich endlich die Schiffs-papiere sehen", erinnert ihn Kugelblitz.

„Dann kommen Sie bitte mit an Bord", sagt Broccoli mit einer einladenden Hand-bewegung.

Zögernd folgt Kugelblitz dem Capitano, der angeblich Broccoli heißt, über den wackeligen Laufsteg an Bord der *Cassata*, die jetzt *Stracciatella* heißt.

„Darf ich Sie bitten, einen Moment Platz zu nehmen?", bittet Capitano Broccoli seinen Gast und schließt die Tür zur Kapitänskajüte auf. „Ich hole die Papiere. Dauert nur einen Moment. Sie sind oben

59

im Stahlschrank des Zahlmeisters ein-
geschlossen."

Kugelblitz zwängt sich ächzend auf die
Sitzbank hinter dem Mahagonitisch.

Broccoli schließt die Tür hinter sich.
Man hört das Geräusch eines Schlüssels,
der sich im Schloss dreht.

Überrascht sieht KK zur Tür und
entdeckt im gleichen Augenblick eine
Messingplatte an der Holzvertäfelung.
Auf ihr sind der Schiffsname und der Tag
der Schiffstaufe eingraviert.

Da steht:

CASSATA

getauft am 13.8.1985
in Palermo
in Anwesenheit des Bürgermeisters
Carlo Goldoni
und Kapitän Luigi Beluga

„Ich Idiot!", murmelt KK verärgert und
geht zur Tür. „Abgeschlossen! Ich bin
diesem Broccoli – oder wie er heißt – wie
ein Anfänger in die Falle getappt!"

Da hört er Motorengeräusche. Er sieht
durch eines der Bullaugen und entdeckt
ein kleines Motorboot, das sich mit dem
vergnügt winkenden Broccoli auf der Elbe
entfernt.

„Hallo! Ist da jemand? Aufmachen!", ruft KK und hämmert mit den Fäusten gegen die Tür. Aber nichts rührt sich. Offenbar ist außer ihm und ein paar Dutzend leeren Containern niemand an Bord.

Hier die Fragen an alle Detektive, die schon acht Jahre oder älter sind:
* Wie viele Jahre alt ist die *Cassata* heute?
* Wie viele Stunden liegt sie schon im Hafen, wenn sie am Vortag um 8.00 Uhr eingelaufen ist und es jetzt 13.30 Uhr ist?

11. Gaunertreffpunkt *Killerhai*

In der Hafenkneipe *Zum Killerhai* sitzt
Carlo aus Palermo mit seinem Freund
Enrico Mendoza aus Kolumbien bei einem
Glas Pils.

„Wo Luca bloß steckt?", grübelt Enrico.
„Es wird doch wohl nichts schiefgegangen
sein?"

„Ich kenne Luca, seit er laufen kann",
grinst Carlo. „Wenn einer die Polizei hinters
Licht führen kann, dann er."

„Hoffentlich kommt er bald", murmelt
Enrico und sieht nervös auf seine Uhr.

„Zu dumm, dass sie das Zeug im
Container entdeckt haben!", knurrt Carlo.

„Wer kann schon ahnen, dass sie einen
Container mit einem harmlosen, alten Pkw
in ihre supermoderne Röntgenanlage
fahren und dadurch unsere gut getarnte
Ware entdecken?", murmelt Mendoza.
Er zupft nervös an seinem krausen,
schwarzen Bart.

„Irgendwie müssen die Bullen beim Zoll Verdacht geschöpft haben", grübelt Carlo und kratzt sich an seiner Glatze.

„Ob uns einer verpfiffen hat? Wenn ich den erwische!", knurrt der Mann mit dem Putzwollebart. Es klingt bedrohlich.

In diesem Augenblick schwingt die Tür auf und der lang erwartete dritte Mann kommt herein: Luca.

„Das ist gerade noch mal gut gegangen!", schnauft Luca und setzt sich zu
seinen beiden Kumpanen an den Tisch.
„Sie haben mir einen kleinen, dicken
Detektiv auf den Pelz gehetzt. Der war
hartnäckig wie eine Zecke. Wollte unbedingt die Schiffspapiere sehen", berichtet
er und nimmt einen Schluck aus Enricos

Glas, weil sein Hals trocken ist von der
Aufregung und vom Rennen.

„Und?", erkundigt sich Carlo gespannt.

Luca grinst. „Lange hätte er mir den
Capitano Broccoli nicht mehr abgenommen! Da hab ich ihn in die Kajüte
gelockt und eingesperrt. Wird ein Weil-
chen dauern, bis er freikommt! Ich bin mit

dem kleinen Motorboot hergedüst. Es liegt in Övelgönne vor Anker. Kümmert ihr euch drum? Dann bin ich hierher gerannt. Wusste ja, dass ihr wartet. Gut, dass ihr mich vorhin angerufen habt."

Luca fasst an seine Hosentasche und murmelt: „Mist! Ich muss mein Handy irgendwo verloren haben. Halb so schlimm. Ohne den PIN-Code kann keiner etwas damit anfangen."

Er winkt den Ober herbei und bestellt sich ebenfalls ein Bier.

„Was habt ihr mit Käpt'n Beluga gemacht?", fragt Luca, als der Ober wieder weg ist.

„Der liegt im alten Kaffeespeicher und schläft wie Dornröschen", grinst Mendoza.

„Wir haben ihm einen Schlaftrunk verpasst", erklärt Carlo. „Je weniger er weiß, desto besser. So konnten wir die restliche Ware ungehindert aus dem Schiff holen

und in einem Auto mit schmutziger Wäsche
aus dem Hafen schmuggeln. War doch
klar, dass der Zoll das ganze Schiff durch-
suchen lässt, nachdem sie das Schmuggel-
zeug im Auto gefunden haben! Immerhin
hat uns der Trick mit dem falschen Schiffsnamen die Polizei für eine Weile vom Hals
gehalten. Dass du als Capitano einge-
sprungen bist, war die Rettung!", freut sich
Carlo.

„Als Capitano Broccoli", ergänzt Luca und grinst vergnügt.

„Du sollst auch ein Drittel der Beute bekommen!", sagt Mendoza.

„Wie viel ist das?", erkundigt sich Luca.

„Meine Dealer haben gestern 1000 Rolex-Uhren an einen Großhändler verkauft. An jeder Uhr verdienen wir 60 €. Und die 5000 DVDs will ein Straßenhändlerring kaufen. Sie bezahlen 3 € pro Stück."

„Das ist nicht viel", murmelt Luca.

„Aber es summiert sich", grinst Mendoza.

„Kleinvieh macht auch Mist", sagt Carlo. „Das teilen wir durch drei. Später gibt es dann mehr."

„Reicht das für meinen Flug nach Südamerika?", erkundigt sich Luca.

„Rechne es eben aus", sagt Mendoza.

„Habt ihr mal Zettel und Papier? Das muss ich schriftlich machen", brummt Luca.

„Im Rechnen war er schon damals in der Schule in Palermo keine Leuchte", erinnert sich Carlo, als Luca seinen Beuteteil ausrechnet.

Frage an alle Blitzrechner:
- Kann Luca von seinem Beuteanteil die Flugkarte nach Südamerika kaufen, die 1500 € kostet?

12. Kugelblitz sitzt fest

Es ist nicht das erste Mal, dass KK aus
einer verzwickten Lage einen Ausweg
finden muss. Als sich auf sein Klopfen hin
auf dem Schiff niemand rührt, greift er zum
Bordtelefon. Es ist abgeschaltet!

Dann angelt er sein Handy aus der
Tasche seines Mantels. Aber als er es ein-
schalten will, muss er feststellen, dass der
Akku leer ist! Er flucht vor sich hin.

Zum Glück fällt sein Blick auf das Handy des falschen Kapitäns, das auf dem Kartentisch in der Ecke liegt. Es ist das gleiche Modell wie seins.

Er schaltet es ein. Aber natürlich kennt er den passenden PIN-Code nicht. So ein Pech! Doch dann hat er eine clevere Kugelblitz-Idee …

Schnell eine Zwischenfrage an alle Detektive, die sich mit Handys auskennen:

* Mit welchem Trick kann Kugelblitz jetzt telefonieren?

73

Richtig geraten? Na klar, die Lösung ist einfach: Kugelblitz steckt den Akku des fremden Handys in seins. Da kennt er ja den PIN-Code. Jetzt müsste es gehen. Die Nummer des Kommissariats ist eingespeichert.

Kugelblitz atmet erleichtert auf: Das Freizeichen ertönt. Dann meldet sich Pommes.

„Hallo, Pommes, holt mich schnell hier raus!", ruft KK erleichtert.

„Wo heraus?", erkundigt sich Pommes verwirrt.

„Aus einem Schiff namens *Stracciatella* – äh – *Cassata*", verbessert sich KK.

„Chef, Sie wollen uns wohl mal wieder auf den Arm nehmen, oder? Sie sind in der Eisdiele, beim Italiener an der Ecke, stimmt's?", kichert Pommes.

„Nein, verflixt noch mal! Ich bin im Hafen und ein Schurke namens Broccoli

74

hat mich eingelocht!", ruft Kugelblitz genervt.

„Broccoli?", lacht Pommes. Er hält den Anruf immer noch für einen Witz.

„Nun hören Sie mal zu", knurrt KK. „Die Lage ist ernst." Und dann erzählt er in kurzen Worten, was passiert ist.

„Und jetzt macht schnell! Der zweite Akku ist auch gleich alle! Bringt einen Schlosser mit, der die Tür aufbricht. Und setzt die Wasserschutzpolizei auf ein rotes

75

Motorboot an, in dem dieser – äh –
Blumenkohl oder Broccoli oder wie er
heißt geflohen ist!"

KK gibt noch eine genaue Personen-
beschreibung des falschen Kapitäns durch.
Dann fiept das Handy und der zweite Akku
ist auch leer.

Um sich die Wartezeit zu vertreiben,
schaltet Kugelblitz das Kofferradio ein,
das in der Ecke steht. Es kommen gerade
Nachrichten. Im Polizeibericht wird ein
Banküberfall gemeldet: „Es war die Drei-
Minuten-Bande. Sie verschwand, ohne
auch nur die geringsten
Spuren zu hinterlassen!"

„Na bitte", murmelt
Kugelblitz. „Wusste ich's
doch: Die Burschen, denen
wir dicht auf den Fersen sind, sind nur
Nachahmungstäter. Aber die richtigen
Gauner kriegen wir auch noch!"

76

Dann geht er ans Fenster und beobachtet die Schiffe, die elbauf- und elbabwärts an ihm vorbeifahren.

Er sieht auf die Uhr und grübelt: Wenn alle drei Minuten ein Schiff hier vorbeifährt, wie viele Schiffe sind das in einer Stunde? An einem Tag?

So vergeht die Zeit.

Kannst du diese Fragen beantworten, ehe Pommes kommt?

- Wie viele Schiffe fahren in einer Stunde vorbei, wenn im Durchschnitt alle drei Minuten eines an KKs „Gefängnis" vorbeikommt?
- Wie viele wären es an einem Tag?

77

13. Die Verfolgung kann beginnen

„Na endlich!", poltert Kugelblitz, als Pommes und ein Polizeischlosser ihn aus seiner Schiffsfalle befreien. „Wurde auch Zeit! Ich hab schon angefangen Schiffchen zu zählen!"

„Schäfchen zu zählen?", erkundigt sich Pommes erstaunt.

„Ich sehe hier nur *ein* Schäfchen", knurrt Kugelblitz mit einem ungeduldigen Blick auf seinen Assistenten und verlässt eilig seine schwimmende Gefängniszelle.

„Habt ihr eine Spur von dem falschen Gemüse-Capitano? Oder von den echten Drei-Minuten-Gangstern?", erkundigt er sich auf dem Weg zum Wagen.

„Woher wissen Sie das schon wieder, Chef? Der Überfall ist doch eben erst passiert!", staunt Pommes.

„Wo und wie etwas passiert, Kugelblitz ist informiert", sagt Kugelblitz und grinst vergnügt. Seine gute Laune und sein

Tatendrang sind längst wieder zurück-
gekehrt.

„Packen wir's an! Verfolgen wir die
Gauner, Pommes", brummt er und eilt an
der Kaimauer entlang auf den Hafen-
Parkplatz zu.

„Wir haben keine Spur von einer Spur",
sagt Pommes, der im Windschatten seines
Chefs läuft.

„Es gibt immer Spuren, man muss sie
nur sehen", belehrt ihn Kugelblitz.

„Im Fall der Drei-Minuten-Gangster führt uns vielleicht die Spur auf die Spur, dass sie keine Spuren hinterlassen. Manchmal hilft auch der beliebte ‚Kommissar Zufall‘ weiter!"

Er gibt Pommes das Handy, das der falsche Kapitän leichtsinnigerweise vergessen hat.

„Der Akku ist leer und wir kennen den Code nicht. Aber unseren Spezialisten sollte es nicht allzu schwer fallen, ihn zu knacken. Wenn wir über die Telefongesellschaft an die Nummern kommen, mit denen dieser saubere Kapitän in letzter Zeit telefoniert hat, gelingt es uns vielleicht, bei der Fahndung nach den Hintermännern der Schmugglerbande weiterzukommen."

„Ich kümmere mich darum", verspricht Pommes.

Als sie beim Kiosk an den Elbbrücken vorbeifahren, sagt Kugelblitz plötzlich:

„Stopp! Pommes, könnten Sie hier mal kurz halten, ich muss dringend …"

„Die Toiletten sind weiter vorne, Chef!"

„Lassen Sie mich doch ausreden, Pommes: Halten Sie hier am Kiosk der Zeitungs-Paula. Ein Notfall." Er grinst. „Ich brauche dringend ein Eis!"

Pommes hält in der Kurzparkzone.

Kugelblitz steigt aus und kauft zwei Cornetto Nuss (je 1,20 €) und zwei Flaschen Mineralwasser (je 1,50 €).

Er gibt der Zeitungs-Paula einen 20-€-Schein.

Kurze Frage an alle Wechselgeld-Detektive:
• Wie viel Geld bekommt Kugelblitz zurück?

81

14. Die Ereignisse überstürzen sich

„Mir schwirrt der Kopf!", stöhnt Sonja Sandmann, als Kugelblitz ins Kommissariat zurückkommt. „Alle suchen nach Ihnen, Chef! Auch Polizeichef Bingo! Wo haben Sie denn gesteckt?" Es klingt ein bisschen vorwurfsvoll.

„Im Bauch einer schwimmenden Süßspeise", sagt Kugelblitz. „Dann hab ich mit Pommes ein Eis gegessen und jetzt brauche ich dringend eine Tasse Kaffee. Dann erzähle ich Ihnen, wie ich einem gewissen Capitano Broccoli auf den Leim gegangen bin, und danach lösen wir alle unsere Fälle, einen nach dem anderen."

KK drückt auf den Knopf und wirft das Mahlwerk der Kaffeemaschine an.

„Wo ist eigentlich Zwiebel?", erkundigt er sich, als er mit dem Kaffee und seinem Bericht am Ende ist.

„Der ist bei Cuneo auf der Reeperbahn. In seinem italienischen Restaurant wurde eingebrochen. Die Diebe hatten es auf seine Gemäldesammlung abgesehen!"

„Einbruch bei meinem Freund Cuneo?", sagt Kugelblitz überrascht. Das kleine italienische Restaurant in einer Seitenstraße der Reeperbahn ist eines seiner Lieblingslokale. Die Bilder an den Wänden, die zum Teil von bekannten Künstlern stammen, hat er immer bewundert.

„Cuneo wollte Sie unbedingt selbst sprechen. Ich hab ihm gesagt, dass Sie sich darum kümmern. Und dass Sie zurückrufen werden. Zwiebel ist mit der Spurensicherung dort. Die Diebe sind durchs Kellerfenster eingebrochen."

„Und was hört man aus Amsterdam?", erkundigt sich KK.

„Oh, Jan van Beulen hat angerufen: Sie haben die Verdächtigen im China-Restaurant *Lotosgarden* gefasst. Sie aßen dort Pekingente und wollten mit der gesperrten Kreditkarte bezahlen. Wir sollen einen Auslieferungsantrag stellen."

„Nun, das ist doch eine gute Nachricht!", freut sich Kugelblitz.

„Halb so gut, wenn man erfährt, dass die echte Drei-Minuten-Bande noch auf freiem Fuß ist", seufzt Sonja Sandmann.

„Die schnappen wir uns auch noch", brummt Kugelblitz zuversichtlich.

84

„Hier sind die Videoaufnahmen vom
Überfall. Wir haben sie uns gleich über-
spielen lassen", berichtet Sonja.

„Spielen Sie den Film bitte mal ab,
Sandmännchen", sagt Kugelblitz.

Gespannt verfolgt der Kommissar die
Videoaufnahmen der Kamera aus der
Bank. Man sieht, wie drei vermummte

Männer in die Bank stürmen, das Geld
holen und sich wieder aus dem Staub
machen. Ein Blick auf die Uhr: Das Ganze
dauert wirklich nicht mehr als drei Minuten!

„Moment mal!", ruft KK plötzlich. „Den kenn ich doch!"

„Aber die sind doch alle vermummt!"

„Nein, ich meine den Mann, der vor dem Schalter steht", murmelt KK. „Kann ich die Szene noch mal sehen?"

Sonja spult den Film zurück.

„Das ist ein ganz normaler Kunde", sagt sie, als die Filmszene noch mal abläuft. „Sehen Sie doch, wie erschrocken der arme Mann dreinschaut!"

„Zu erschrocken!", murmelt Kugelblitz. „Das ist nämlich der unerschrockenste Typ, der mir jemals untergekommen ist: Ronny Rostig. Er saß wegen bewaffneten Raubüberfalls neun Jahre hinter Gittern. Wusste gar nicht, dass der schon wieder auf freiem Fuß ist!"

Kugelblitz greift zum Telefon und ruft beim zuständigen Staatsanwalt an. Dort erfährt er, dass Ronny Rostig wegen guter

Führung ein Jahr Haft erlassen worden ist.
Und er erfährt auch seinen neuen Wohn-
sitz.

„Wetten, dass er mit den Bankräubern
unter einer Decke steckt?", sagt Kugelblitz. „Der Bursche sieht mir auf dem
Video eine Spur zu erschrocken aus!
Pommes, hol den Wagen!"

„Aber Herr Kommissar! Ich war lang
genug im Knast. Mit den Drei-Minuten-
Gangstern hab ich nichts zu tun!", beteuert
Rostig, als ihn Kugelblitz in seiner Woh-
nung in Altona aufsucht.

87

„Was haben Sie dann auf der Bank gemacht?"

„Ich war dort, weil ich Geld einzahlen wollte. Und nicht, um abzukassieren", antwortet Ronny.

„Nein! Sie standen an der Kasse, um Ihren drei sauberen Freunden den Rücken freizuhalten!", ruft Kugelblitz.

„Die drei kenne ich nicht, ehrlich", behauptet Ronny steif und fest.

„Warum haben Sie dann kurz vor dem Überfall mit ihnen telefoniert?", fragt Kugelblitz und deutet zum Telefon.

„Weil – nun, das war wegen etwas anderem. Das hatte mit dem Überfall nichts zu tun!", ruft Ronny hastig. „Haben Sie mein Telefon überwachen lassen?"

„Nein", sagt Kugelblitz. „Aber wir werden jetzt nachforschen, mit wem Sie am Tattag telefoniert haben. Und so lange sind Sie wegen Tatverdachts verhaftet."

88

„Ich will sofort meinen Anwalt sprechen",
sagt Ronny und wird blass.

„Dort ist das Telefon!", antwortet Kugelblitz und lächelt.

„Chef, woher wussten Sie, dass er mit den
Bankräubern telefoniert hat?", staunt
Pommes, als sie im Kommissariat wieder
allein sind.

„Detektiverfahrung", sagt Kugelblitz
augenzwinkernd. „Es ist doch gut möglich,
dass man, ehe man gemeinsam einen
solchen Plan ausführt, noch mal miteinander telefoniert, oder nicht?"

„Gewusst haben Sie es also
nicht?", hakt Pommes nach.

„Nein, das war die
Schlag-mal-auf-den-
Busch-Methode", sagt
Kugelblitz und lächelt
listig.

Und nun die Frage an alle Detektive, die schon mal länger als eine halbe Stunde telefoniert haben:

- Pommes erhält von der Telefongesellschaft eine Liste mit 30 verschiedenen Nummern, mit denen Ronny Rostig in den drei Tagen vor der Tat telefoniert hat. Wie lange muss er telefonieren, um alle Nummern zu überprüfen, wenn er für eine Telefonverbindung im Durchschnitt 90 Sekunden braucht?

15. Teppichraub in der Speicherstadt

Am Freitag, kurz vor Dienstschluss, verfinstert sich der Himmel über dem Polizeigebäude. Draußen über den Dächern Hamburgs wird es stockfinster. Am Himmel ziehen sich dicke, schwarze Regenwolken zusammen.

„Sieht nach Sintflut aus!", sagt Sonja Sandmann nach einem Blick aus dem Fenster.

„Dann will ich mal sehen, dass ich noch einigermaßen trocken nach Hause komme!", murmelt KK und nimmt seinen Mantel vom Haken.

„Soll ich Ihnen meinen Schirm leihen, Chef?", erkundigt sich Sonja Sandmann.

„Haben Sie Angst um meine hübsche Frisur?", grinst KK. „Nein, den Schirm nehmen Sie mal lieber selbst, Sandmännchen. Ich bin ziemlich wetterfest." Und das muss Kugelblitz gleich unter Beweis stellen, denn jetzt klingelt das Telefon und die

donnernde Stimme von Polizeichef Klaus
Bingo übertönt den Gewitterdonner vor
dem Fenster.

„Ergebnisse, ich brauche Ergebnisse,
Kollege Kugelblitz! Am Montag habe ich

eine Pressekonferenz! Peinlich, dass Sie
die falschen Bankräuber verfolgt haben!"

„Es waren immerhin echte Bankräuber",
widerspricht Kugelblitz dem Polizeichef.
„Sie haben eine echte Bank überfallen und

92

echtes Geld geraubt. Und den echten Drei-Minuten-Gangstern sind wir auch dicht auf den Fersen."

Klaus Bingo räuspert sich. „Ähem – und was ist mit dem Kunstdiebstahl bei Cuneo? Ich bitte um rasche Aufklärung. Er ist der Lieblingsitaliener meiner Frau!"

„Meiner auch", sagt KK und weil er Hunger hat, läuft ihm dabei das Wasser im Mund zusammen. „Die Tortellini mit Salbei, mmh, einfach köstlich ..."

„Es geht jetzt nicht um Trottelini – äh – Tortellini, sondern um die gestohlenen Bilder", fällt ihm Bingo ungeduldig ins Wort. „Notfalls macht Ihre Abteilung eben Überstunden oder ermittelt auch mal am Wochenende."

„Das tun wir sowieso oft genug. Aber dieser Diebstahl ist gerade erst passiert. Wir ermitteln, aber wir können nicht zaubern", verteidigt Kugelblitz seine Leute.

„Und dann der
Raub im Teppichlager
von Ibrahim Babour in der Speicherstadt! Das war schon vor drei Wochen.
Immer noch keine Spur?", forscht der
schlecht gelaunte Polizeichef nach.

„Ich treffe mich heute Abend mit einem
wichtigen Informanten aus der Schmuggler-
szene", verrät Kugelblitz. „Angeblich hat
er einen heißen Tipp, wo die gestohlene
Ware verhökert wird. Morgen weiß ich
vielleicht mehr."

„Na gut, dann bis Montag", brummelt
Bingo etwas besänftigt.

„Ich kann Sie gern am Wochenende
anrufen und informieren", sagt Kugelblitz.

„Morgen? Nein, das macht wenig Sinn.
Da hab ich einen wichtigen – äh – beruf-
lichen Termin außerhalb."

„Ah, das große Golfturnier am Falken-
stein", meint Kugelblitz.

„Woher wissen Sie das?",
entgegnet Bingo verblüfft.
„Informiert sein ist alles.
Schließlich bin ich Detektiv",
sagt Kugelblitz.

„Sie spionieren mir doch nicht etwa
nach?", erkundigt sich Bingo mit arg-
wöhnischer Stimme.

„Nein, das würde ich mir nie erlauben.
Ich habe nur den Sportteil der Tages-
zeitung gelesen und da wurde lobend
erwähnt, dass Sie im letzten Jahr Ihr
Handicap verbessert haben und als
Favorit für den Seniorenwettkampf
gelten."

„Unsinn", antwortet Bingo offenbar
ziemlich verlegen.

„Wir wünschen Ihnen jedenfalls alle viel
Glück!", sagt Kugelblitz mit honigsüßer
Stimme. „Wir sind stolz auf Sie!"

Hier endet das Gespräch.

„Das haben Sie ihm aber prima unter die Nase gerieben", kichert Sonja Sandmann. „Er spielt Golf und uns hetzt er in die Arbeit."

„Bitte mehr Respekt vor der Obrigkeit, Sandmännchen", sagt Kugelblitz und droht scherzhaft mit dem Zeigefinger. „Suchen Sie mir doch schnell noch die Akte mit dem Raub im Teppichlager heraus. Ich möchte heute Abend gut informiert sein und genau wissen, wie viele Teppiche Ibrahim Babour gestohlen wurden, was sie wert sind und wie hoch sie versichert waren."

„Liegt alles schon in der roten Mappe bereit", sagt Sonja Sandmann und schiebt die Akte *Teppichraub in der Speicherstadt* über den Schreibtisch.

96

Während draußen der Gewitterregen herunterprasselt, studiert Kugelblitz die Unterlagen zum Teppichraub noch einmal ganz genau.

Nach den Angaben des Händlers wurden insgesamt 290 Orientteppiche gestohlen:

150 Brücken (2 · 3 Meter), 50 mittlere Teppiche (3 · 4 Meter), 60 längliche Teppiche, genannt Galerien (1 · 5 Meter) und 30 große Teppiche, die für Hotelhallen gedacht waren (4 · 5 Meter).

„Kann ich mal Papier und Bleistift haben?", fragt Kugelblitz Sonja Sandmann. „Ich möchte ausrechnen, wie viele Quadratmeter Teppich insgesamt gestohlen wurden."

„Brauchen Sie den Taschenrechner, Chef?"

97

„Ach was, das geht im Kopf viel schneller!", sagt KK und errechnet im Handumdrehen die gewünschten Zahlen.

Und jetzt die Fragen an alle Detektive, die genauso fix rechnen lernen möchten wie Kugelblitz:

• Wie viele Quadratmeter Teppich wurden insgesamt gestohlen? Rechne zuerst überschlagsweise im Kopf.

• Wie hoch ist der finanzielle Schaden für den Teppichhändler, wenn man für den Einkaufspreis einen Durchschnittswert von 100 € pro Quadratmeter annimmt?

• Wie viel zahlt die Versicherung, wenn sie ein Drittel des Schadens übernimmt?

16. Im *Total tollen Tattoo*

Kugelblitz ist nicht wiederzuerkennen:
Er hat sich als Seemann mit Vollbart
verkleidet und steuert zielsicher auf die
Hafenkneipe zu, in der er mit seinem
Informanten Wassili verabredet ist.

„Waaahnsinn! Einsame Spitze. Ich hätte
Sie fast selbst nicht erkannt", grinst Wassili,
als er zehn Minuten später Kugelblitz im
Total tollen Tattoo gegenübersitzt.

99

„Komplette Tarnung. Das war doch ver-
einbart", sagt KK. „Ich hoffe, ich hab mir
nicht umsonst so viel Mühe mit meinem
Äußeren gegeben. Also, Wassili: Was hast
du herausgefunden?"

„Ich hätte schon einen Tipp für die
Teppichsache. Aber was springt dabei für
mich heraus?"

„Die Versicherung hat 1000 € Belohnung
für Tipps zur Ergreifung der Täter aus-
gesetzt. Die könntest du dir leicht verdienen."

„Nicht gerade üppig", murmelt Wassili
und dreht nachdenklich sein Glas auf dem
Bierdeckel.

„Ich weiß nicht, wie viel du normaler-
weise verdienst, aber für 1000 € muss ein
Polizist in deinem Alter eine ganze Weile
schuften", sagt Kugelblitz.

„Schon gut. Also, hör zu, Kommissar:
Wie ich aus sicherer Quelle weiß, steckt

100

der Teppichhändler Babour mit den Dieben unter einer Decke. Er will die Versicherung kassieren und dann noch den Gewinn aus dem Verkauf der gestohlenen Ware."

„Interessant. Und wo will er die gestohlenen Teppiche verkaufen?", erkundigt sich KK gespannt.

„Die kleinen Teppiche werden einfach im Internet angeboten. Die großen verkauft ein Händler in Amsterdam an reiche Privatkunden."

„Ein Hehler also. Denn er weiß, dass es sich um gestohlene Ware handelt."

Wassili nickt. „Zumindest ahnt er das."

„Wie wird er das Zeug unauffällig los?"

„Oh, der hat da einen interessierten Kundenstamm, der Möglichkeiten sucht, um Schwarzgeld anzulegen. Geld, von dem das Finanzamt nichts erfahren soll." Wassili lacht pfiffig.

101

„Und wenn die Leute wertvolle Teppiche kaufen, treten sie ihren heimlichen Reichtum jeden Tag mit Füßen."

„Klingt einleuchtend. Wenn du mir noch den Namen des Hehlers sagen könntest, Wassili?", sagt KK und bestellt noch ein Bier für seinen Informanten.

„Erst will ich Kohle sehen", brummt Wassili.

„Na gut", sagt Kugelblitz. „Ein Viertel der Versicherungssumme bekommst du jetzt, ein Viertel, wenn ich den Namen weiß, und den Rest, wenn wir die Teppiche wiederhaben."

„Einverstanden", sagt Wassili. „Natürlich darf Ibrahim Babour nicht den geringsten Verdacht schöpfen. Wenn er nur ein Sterbenswörtchen erfährt, krieg ich Probleme. Dann ist das auch mein letzter Tipp für dich gewesen, Kommissar! Äh – und was krieg ich jetzt bar auf die Kralle?"

„Das sollte ein geschickter Gauner wie du doch im Handumdrehen ausrechnen können", sagt KK.

„Kann ich doch auch", sagt Wassili und kriegt rote Ohren vom Rechnen.

Nun die Frage an alle Detektive, die Wassilis Problem locker lösen können:

• Ein Viertel der 1000 € von der Versicherung bekommt Wassili sofort. Wenn er den Namen des Hehlers verrät, kommt noch ein Viertel dazu. Wie viel Geld hat Wassili also insgesamt, nachdem er den Namen genannt hat?

103

17. Aufgeklärt

Wassilis Tipp ist es zu verdanken, dass Kugelblitz den Fall mit dem Teppichraub noch am Sonntag aufklären kann.

Das ist ein Glück, denn Polizeichef Bingo hat am Montagmorgen denkbar schlechte Laune. Er hat das Golfturnier verloren! Außerdem hat er schlecht geschlafen, weil seine Enkeltochter einen Zahn bekommen und die ganze Nacht gebrüllt hat.

Jetzt kann Klaus Bingo wenigstens auf der Pressekonferenz einen ausgeschlafenen Eindruck machen und mit einem Fahndungserfolg aufwarten.

Dass Babour selbst hinter dem Diebstahl steckt, will Bingo allerdings zunächst nicht glauben. Aber Kugelblitz beweist ihm anhand von Babours Telefonrechnung, dass er vor der Tat mehrfach mit den Tätern telefoniert hat, die er angeblich nicht kannte.

Am Dienstagmorgen erhält Kugelblitz
einen Anruf von Wassili.

„Ich habe interessante Neuigkeiten in
der Zeitung gelesen!", sagt er. „Du denkst
doch an dein Versprechen, Kommissar?"

„Ich halte mein Wort", versichert
Kugelblitz. „Außerdem kann ich dir die
erfreuliche Mitteilung machen, dass die
Versicherung inzwischen die Belohnung
verdoppelt hat. Und du bist der Einzige,
von dem wir einen Hinweis erhalten haben."

„Ist ja großartig! Aber diskrete Über-
gabe, Kommissar, ganz diskret. Von dir
persönlich, bar auf die Kralle! Montag um
acht, im *TTT*?"

„Einverstanden", sagt Kugelblitz und
fügt noch hinzu: „Vielleicht hast du ja bis
dahin einen Tipp für mich im Fall Kunst-
raub bei Cuneo?"

„Ich werd mich umhören", verspricht
Wassili.

105

„Also bis Montag", sagt KK und will das Gespräch beenden.

„Halt! Nicht so schnell. Wie viel Kohle krieg ich dann eigentlich noch?", erkundigt sich Wassili.

„Das musst du schon selbst ausrechnen", sagt Kugelblitz.

Hier die Frage an alle Detektive, die schneller rechnen können als Wassili:

- Wie viel Euro bekommt Wassili noch, wenn die Versicherung die ursprüngliche Belohnung von 1000 € verdoppelt hat und er schon 500 € erhalten hat?
- Was meint Wassili mit *TTT*?

18. Träume hinter Gittern

Der Teppichhändler Babour spielt zuerst das unschuldige Opfer eines Polizeiirrtums. Aber dann verrät nicht nur seine Handyrechnung, sondern auch die Untersuchung seines E-Mail-Postfachs, dass er mit den Dieben gemeinsame Sache gemacht hat.

Der Fall ist abgeschlossen und KK kann sich wieder stärker um die Verfolgung der echten Drei-Minuten-Gangster kümmern.

Die „falschen" Räuber sitzen schon in Hamburg-Fuhlsbüttel hinter Gittern und atmen wieder mal „gesiebte Luft". Charlie, Konni und Max bewohnen getrennte Zellen. Sie sehen sich nur ab und zu beim Hofgang. Und da dürfen sie nicht miteinander reden.

Charlie starrt an die weißgraue Wand seiner Gefängniszelle. Die Häftlinge, die vor ihm da waren, haben Zeichnungen und Strichlisten an die Wand gemalt. In der

108

Ecke unter dem vergitterten Fenster ist
noch Platz. Da wird er ab morgen seine
Striche hinmalen! Heute ist der 15. Mai.
Am 12. Juli ist sein Geburtstag. Ruby
wird ihm dann einen Geburtstagskuchen
backen – mit einer Feile drin! Das hat sie
versprochen. Und dann wird er dieses
Gitter durchsägen und in die Freiheit
klettern.

Während Charlie Bloom von der Welt
da draußen träumt, kannst du schon mal
zwei Fragen beantworten …

- Wie viele Striche muss Charlie an die
  Wand malen, wenn er die Tage bis zu
  seinem Geburtstag zählen will?
- Wie viele Fünferpäckchen kann er
  bis dahin durchstreichen?

109

19. Bei Cuneo

Auch den echten Drei-Minuten-Gangstern
ist Kugelblitz jetzt dicht auf den Fersen.

„Es ist nur noch eine Frage der Zeit.
Dann kriegen wir sie!", sagt Kugelblitz zu
seinen drei Assistenten. „Ihr habt gute
Arbeit geleistet. Das ist ein Grund zum
Feiern. Heute Abend hab ich für uns einen
Tisch bei Cuneo reserviert!"

„Bei Cuneo? Doch bestimmt nicht ohne
Hintergedanken", sagt Sonja Sandmann.

„Erraten. Ich will meinen Freund Cuneo
etwas trösten und nebenbei nach den
näheren Umständen des Bilderraubes
fragen", gesteht Kugelblitz.

Cuneo freut sich über den Besuch seines
Stammkunden.

„Es sind vor allem die Bilder von
meinem Freund Bruno Bruni, an denen
ich so hänge", sagt Cuneo. „Ich habe sie
im Laufe der Jahre von ihm geschenkt

bekommen. Aber natürlich fehlen mir auch die anderen." Er deutet auf die leeren Bilderhaken an den Wänden.

„Die Diebe kamen nachts durch die Tür dort herein. Im Keller haben sie dann alle Bilder aus den Rahmen geschnitten. Vermutlich, um sie leichter trans- portieren zu können. Hoffentlich haben sie die Kunstwerke dabei nicht zerstört."

„Die meisten der Bilder sind mit einer persönlichen Widmung versehen und auf dem Kunstmarkt praktisch unverkäuflich", mischt sich Cuneos Frau ein.

111

„Bestimmt kommt bald ein Anruf, dass du die Bilder zurückkaufen sollst", vermutet Kugelblitz.

„Caro mio! Die Bilder sind inzwischen ziemlich wertvoll. Alles Originale von befreundeten Malern. Die kann ich gar nicht bezahlen", seufzt Cuneo.

Er schiebt Kugelblitz einen Zettel hin.

„So viel sind die Bilder wert. Das hat ein befreundeter Kunsthändler geschätzt. Ich hab es noch gar nicht zusammengerechnet. Es ist eine stattliche Summe!"

Blühender Apfelbaum	5000
Alsterstimmung	2000
Selbstbildnis	6000
Wüstenlandschaft	3000
Blau und rot III	7000
Ohne Titel	4000

Hier die Frage an alle Detektive, für die
Rechnen keine Kunst ist:

- Welchen Wert haben die gestohlenen
  Bilder nach Meinung des Kunsthändlers?

20. Die Gangster melden sich

Es ist so, wie Kugelblitz vermutet hat:
Als die Bilderdiebe bemerken, dass sie die
Kunstwerke nicht verkaufen können, ohne
sich verdächtig zu machen, bieten sie die
Bilder dem ehemaligen Besitzer zum
Rückkauf an.

Cuneo geht zum Schein auf das An-
gebot ein. Er verabredet sich am nächsten
Tag um Mitternacht mit den Erpressern
am Elbstrand bei Teufelsbrück. Kugelblitz
ist informiert und überwacht die Aktion
unauffällig.

Aber Cuneo wartet vergeblich.

„Die kommen nicht mehr!", flüstert er in
sein Handy. „Mitternacht ist längst vorbei.
Ob sie euch bemerkt haben? – Brrr! Mann,
ist das unheimlich hier. Ich glaub, ich geh
nach Hause!"

„Nur Geduld!", beruhigt ihn Kugelblitz.
Er liegt mit Pommes, Zwiebel, Sonja
Sandmann und einigen Leuten von der

Wasserschutzpolizei in sicherer Entfernung im Gebüsch auf der Lauer. „Die Gauner kommen bestimmt noch! Wir sind das gewohnt. Ein Detektiv braucht Geduld."

Kugelblitz behält recht. Gegen 1.00 Uhr kommt ein Motorboot angefahren. Der Bootsführer morst ein Lichtsignal mit der Taschenlampe: einmal lang, zweimal kurz.

Zögernd geht Cuneo ans Ufer.

„Du bist allein?", fragt die Stimme eines Mannes im Boot. Er trägt eine Maske vor dem Gesicht.

„Sieht man doch!", sagt Cuneo.

116

„Steig ein!", knurrt der Maskierte.

Mit zitternden Knien klettert Cuneo ins schaukelnde Boot, das sofort startet.

„Hast du die Kohle?", fragt der Mann mit verstellter Stimme.

„Ja! Claro que si! So war es abgemacht",
antwortet Cuneo und angelt den Umschlag
mit dem Geld aus seinem Mantel. „Und wo
sind meine Bilder?"

„Hier!", sagt der Mann und deutet auf
das große Paket, das sein Kumpel unter
einer Decke hervorholt. Es ist in Wachs-
tuch eingeschlagen.

Der Mann reißt Cuneo den Umschlag
aus der Hand und zählt das Geld. Ein
Ring mit einem Schlangenkopf blitzt
im Mondlicht auf.

Diesen Ring hab ich schon
irgendwo gesehen!, schießt es
Cuneo durch den Kopf. Aber wo?

„Ihr habt das Geld. Jetzt fahrt
mich mit den Bildern zurück!", fordert er.

„Zurück? Bist du verrückt?", fragt der
Mann und lacht spöttisch. „Schon mal
was vom Schweinesand gehört? Dort
setzen wir dich ab. Da kannst du in Ruhe

118

die Nacht mit deinen geliebten Bildern
verbringen. Hast du ein Handy? Her damit!"
    Er tastet Cuneo ab und entreißt ihm das
Handy. Dann lässt er den Motor aufheulen
und steuert auf eine etwa fünf Kilometer
entfernte, unbewohnte Insel in der Elbe zu.
Sie heißt Schweinesand, weil dort früher
Schweine lebten.
    Etwa zehn Minuten später befördern
die Entführer Cuneo mit seinen Bildern
an Land. Dann düsen sie mit Vollgas in
Richtung Hamburg davon.
    Als das Motorboot nach etwa 20 Minuten
wieder an Kugelblitz und seinen Leuten
vorbeirast, ruft Zwiebel, der durch das
Nachtfernglas schaut: „Cuneo ist nicht
mehr an Bord, Chef! Sie müssen ihn
irgendwo abgesetzt haben. Aber wo?"
    „Das können wir ausrechnen. Sie waren
ungefähr 20 Minuten unterwegs. Also
kann es nur an einer Stelle sein, die man

in zehn Minuten erreicht. Sie sind mit einer Geschwindigkeit von etwa 30 Kilometern in der Stunde gefahren. Gebt mir mal die Flusskarte!", sagt KK. Er studiert die Karte von der Elbe genau und murmelt dann: „Die Entführer sind vermutlich etwa fünf Kilometer weit gefahren. Der Wendepunkt war also etwa auf der Höhe vom Schweinesand …"

„Sein Handy! Er hat sein Handy dabei!", ruft Sonja.

Sie wählt das Handy von Cuneo an. Die Nummer hat sie vorsichtshalber in ihrem eigenen Handy gespeichert. Die Verbindung funktioniert.

„Hallo?", krächzt eine fremde Stimme.

Sonja schaltet schnell.

„Hallo, Schatz, wo steckst du?", flötet sie geistesgegenwärtig in den Hörer. Der Gauner soll denken, dass Cuneos Frau dran ist.

120

Höhnisches Lachen auf der anderen Seite, dann wird aufgelegt.

„Es war einer der Räuber. Sie haben Cuneo anscheinend das Handy abgenommen", berichtet Sonja.

„Das war ein Fehler", sagt Kugelblitz. „Denn jetzt können wir die Gauner orten!"

Dann verständigt er die Kollegen von der Wasserschutzpolizei.

Zehn Minuten nachdem die Entführer in Richtung Hamburg vorbeigebraust sind, nimmt ein Boot der Wasserschutzpolizei mit Pommes an Bord die Verfolgung auf. Zwei andere Motorboote der Polizei fahren elbabwärts, um mit Suchscheinwerfern nach Cuneo zu fahnden.

Kugelblitz ist an Bord eines dieser Boote. „Bestimmt finden wir Cuneo bald", sagt er zu Sonja Sandmann. „Ich tippe auf Schweinesand!"

Tatsächlich: Bald erfassen die Lichtkegel der Scheinwerfer einen Mann, der am Ufer der Insel steht und heftig winkt: Cuneo.

Und jetzt die Frage an alle Detektive, die auch mit einem schnellen Motorboot nicht so leicht vom Kurs abkommen:

• Was genau rechnet Kugelblitz auf den Seiten 119 und 120 aus? Wie kommt er darauf, dass die Entführer Cuneo etwa fünf Kilometer entfernt abgesetzt haben?

122

21. Der Ring mit dem Schlangenkopf

„Da seid ihr ja endlich!", ruft Cuneos Frau erleichtert, als sie lange nach Mitternacht im Restaurant an der Reeperbahn eintreffen.

„Jetzt kochen wir uns erst mal was Schönes", sagt Cuneo zu Kugelblitz.
„Ich hab solchen Hunger!"

Damit sind alle einverstanden. Cuneo folgt seiner Frau in die Küche, um bei der Zubereitung des Essens zu helfen.

Eine halbe Stunde später sitzt eine vergnügte Runde um den großen Tisch. Es schmeckt allen vorzüglich.

„Ein Glück, dass die Bilder nur wenig beschädigt sind", sagt Cuneo, nachdem er den Inhalt des Pakets noch einmal genau überprüft hat.

„Meine Freundin Andrea Beck ist Restauratorin. Sie wird die Bilder so rahmen, dass sie wie neu aussehen", verspricht Sonja Sandmann.

„Das ist noch mal gut gegangen",
sagt Cuneos Frau. „Wir werden jetzt eine
Alarmanlage einbauen lassen."

Als Cuneo schließlich an der Espresso-
maschine die Milch für den Cappuccino
aufschäumt, ruft er plötzlich: „Ich hab's!
Ich weiß, wer hinter dem Bilderdiebstahl
steckt!"

„Wirklich?", erkundigt sich Kugelblitz
überrascht.

„Der Schlangenring! Der Räuber hatte
einen Ring mit einem Schlangenkopf an
der linken Hand. Und jetzt weiß ich genau,
wo ich ihn schon einmal gesehen habe.
Bei einem unserer Aushilfsköche! Er
blitzte immer im Chrom der Espresso-
maschine auf, wenn er die Milch auf-
schäumte, so wie ich jetzt."

„Und wer ist dieser Koch? Wo steckt
er?", erkundigt sich KK.

124

„Keine Ahnung! Ich habe ihn vor einiger Zeit vor die Tür gesetzt, weil er bei der Abrechnung geschummelt hat. Auch sonst war er nicht gerade sympathisch. Er heißt Klaus Braak und stammt aus Tremsbüttel. Er wollte unbedingt Koch werden, hatte aber leider nicht das geringste Talent dafür.“

„Denkst du, dass es so eine Art Racheakt für den Rausschmiss war?“, erkundigt sich Cuneos Frau.

125

„Gut möglich", sagt Cuneo nachdenklich. „Er wusste jedenfalls genau, was die Bilder wert waren. Er hat uns den Kaffee gebracht, als der Kunsthändler da war. Da haben wir gerade über den Wert der Bilder gesprochen", erinnert sich Cuneo. „Das muss einige Tag vor seinem Rauswurf gewesen sein."

„Ich hoffe, wir werden auf den Bildern und der Verpackung genug Fingerabdrücke finden, dass wir die Diebe überführen können", sagt Kugelblitz zuversichtlich. „Wenn man erst den Namen hat, dann findet man auch die Person und die Komplizen."

Schließlich brechen Kugelblitz und sein tüchtiges Team auf. Draußen wird es schon hell.

„Ich habe noch nie so früh am Morgen zu Abend gegessen!", sagt Kugelblitz nach einem Blick auf seine Uhr.

126

„Ja, in Hamburg sind die Nächte lang!",
stimmt Cuneo zu und schmunzelt. „Be-
sonders auf der Reeperbahn!"

Als Kugelblitz, Sonja Sandmann,
Pommes und Zwiebel kurz darauf am
Millerntor ins Taxi steigen, geht über
St. Pauli gerade die Sonne auf.

Inhalt